Jana Fischer
Tiefen der Gedanken
Gedichtband, Nr. 1

AF237398

Jana Fischer

Tiefen der Gedanken

selbst sichtbar

1. Gedichtband

Impressum:

Jana Fischer

c/o autorenglück.de

Franz-Mehring-Str. 15,

01237 Dresden, Deutschland

Erste Auflage, November 2021

© 2021 by Jana Fischer

Covergestaltung:

Désirée Riechert, www.kiwibytesdesign.com

Bildnachweise:

© EvgeniiasArt, 301729667

© Pasko Maksim, 261000830

© adimas, 29107448

Herstellung und Verlag:

BoD – Books on Demand, Norderstedt

ISBN: 9783755712442

Bibliografische Information der Deutschen Nationalbibliothek:
Die Deutsche Nationalbibliothek verzeichnet diese Publikation
in der Deutschen Nationalbibliografie; detaillierte bibliografi-
sche Daten sind im Internet über dnb.dnb.de abrufbar.

Vorwort

Kennst du das Gefühl? *Welches Gefühl eigentlich?*
Nimmst du es auch verschwommen wahr, obwohl du doch nur fühlen möchtest?
Bist du in dem Moment sichtbar, wenn es deine Gedanken und Gefühle nicht sind – oder vielleicht doch?
Was ist dieses *Vielleicht* in diesen Momenten für dich und wie wirst du handeln?

Manchmal kommen Gefühle in Wellen, wir stürzen uns hinein, obwohl sie stark und unkontrolliert sein können. Und wenn dieses *Vielleicht* dich hält, zeigt sich, dass du da bist – selbst sichtbar.

Diese Selbstsichtbarkeit beginnt in dem Moment, wenn du dich auf die eigenen Tiefen der Gedanken fokussierst. Mein Gedichtband besteht aus genau solchen Momentaufnahmen von mir, in denen ich versucht habe, meine Gefühle mit Worten zu verarbeiten und auszudrücken. Lasse dich darauf ein, deine Sichtbarkeit mit der Liebe, Freundschaft und der eigenen Selbstentwicklung zu verbinden.

Wenn wir wachsen, warum bleiben unsere Wurzeln unter der Erde?
Was zeigen wir, wenn wir nicht zu sehen sind?

Was fühlen wir,
wenn wir sichtbar werden?
Kennst du das Gefühl?
Vielleicht ja.

Wer kennt es nicht? Neue Eindrücke werden täglich gesammelt, dadurch entstehen Gefühle, die nicht direkt verarbeitet werden können — wie eine Gefühlsflut, die auf dich zukommt. Wenn ich schreibe, entsteht ein Gefühl von Freiheit. Und genau dieses Gefühl möchte ich gerne verbreiten.

Ich wünsche dir alles Liebe und viele Momentaufnahmen!

Jana Fischer ♥

Für dich, weil *DU* sichtbar bist!

Tiefen der Gedanken

Inhalt der Gedichte

Tiefen der Gedanken

In Wellen

14 - 23

Blind vor Wellen

Ein Tropfen fällt ins weite Meer,
die Wellen stark und führend.
Dein Blick wirkt so ermüdend,
für mich doch niemals leer.

Das Wasser reißt und reizt noch mehr,
als wären Wellen nicht genügend
und du das Meer anlügend.
Du fragst mich, ob ich wiederkehr´?

Tiefen der Gedanken

Der Wind in deinen Worten
Der Wind in meinem Herzen
Das Wasser spült die Schmerzen?

Die Tropfen suchen deine Augen,
das Meer so still wie nun mein Glauben
und ich nur blind
-
vor Wellen.

Möglichkeiten

Ein Gedanke
Ein Tropfen
Sind das Tränen?
Sehe ich verschwommen,
oder ganz neue Möglichkeiten?

Tiefen der Gedanken

Welle des Lockdowns

Der Lockdown klingelte,
wer ist das?
Dieses Klingeln wurde lauter.
Soll ich aufmachen?
Zu spät,
wie Wasser fließt der Lockdown
durch meine Tür,
bis ich versunken
in meinem Bett aufwache,
um irgendwann wieder
in den Ozean zu gelangen.
Solange lebe ich
in meiner eigenen Unterwasserwelt.
Ich lerne,
eigenständig zu schwimmen
und wünsche allen Menschen Kraft,
auch wenn die Welle groß ist.

Tiefen der Gedanken

Tiefen der Gedanken

Tiefen der Gedanken

Wie Wellen

Wir schwanken
in Gedanken,
verschwinden
in den Winden.

Oder doch im Sturm?
Oder sind wir nur im Strom
unserer Wellen?

Fließend, aber doch so fest.
Ankommend, vielleicht nur ein Test?

Die Welle zu bestehen,
obwohl wir noch nicht so weit sehen?

Wir schwanken in Gefühlen,
hin und her.
Und die Sicht?
Gar nicht so leer...

Wellenschlag

Wir stürzen uns
in die Wellen.
So laute Wellenschläge,
so starke Wellen,
doch unser Leben
lässt sich leicht anfühlen,
wenn wir zuhören.

Hörst du dir zu?
@tiefendergedanken

Tiefen der Gedanken

Sehnsucht

24 - 47

Distanz

Und nun
bist du dort,
ich bin hier
und wir sind
wir.

Tiefen der Gedanken

Wort für Wort

Vielleicht
ist dieser Schritt
nach vorne
ein Tritt
in das vergangene Gesagte.

Ob Worte deinem Schritt trauen?
Nach hinten schauend,
Richtung wechselnd.

Traust du dich?
Zu schnell in Schritten,
zu langsam in Worten,
die dein Herz noch nicht erreicht haben.
Was möchtest du erreichen?

Tiefen der Gedanken

Bleibst du,
oder bist du schon weiter?

weiter

weiter

weg

Wort für Wort,
Schritt für Schritt.

Tiefen der Gedanken

Tiefen der Gedanken

Hier

„Ich bin gerne hier."
Hier?
Was bedeutet es,
wenn dieses *HIER*
bei uns ist,
wir gerade dort sind,
wo es eintrifft?

Bin ich hier,
wenn du es bist?

Blickend, wenn du in der Ferne bist.
Augen schließend, wenn du vor mir stehst.

Was sehe ich hier,
wenn nicht dich?

Tiefen der Gedanken

„Ich bin gerne hier."
Hier? – und du?
Hier! – nicht

Weil du woanders bist.
Nicht sehend, wenn ich in der Ferne bin.
Nicht eintreffend, wenn du bei mir bist.

Und *HIER* nur ein Ort ist.

Wo bist du?

Wenn DU schon immer hier warst,
wie du bist.
Warum nicht auf meinem Weg,
wenn ICH dort sein kann?

Du oder ich?
Neuanfang oder Ende?

Tiefen der Gedanken

Tiefen der Gedanken

Wo bist du in meinem ICH?
„Auf dem Weg",
glaubst du,
weiß ich.

Tiefen der Gedanken

Tiefen der Gedanken

Tiefpunkt

Am Tiefpunkt
kannst du den Grund nicht sehen
und ohne Grund
kannst du nicht stehen.

Am Grund
ist das Fallen nicht zu sehen.
Bist du an einem anderen Ort?
Du oder deine Gedanken?

Tiefen der Gedanken

Das Fallen
als Zeichen, zurückzufallen?
Zu dir, immer tiefer,
zu deinem eigentlichen Ich?

Erst wird es schlimmer,
denn beim Fallen kommt der Schmerz,
doch der bleibt nicht für immer,

denn der Tiefpunkt
weitet dein Herz.

(Kooperation mit Tanja - @lyrikmeer auf Instagram)

Warum sind wir hier?

Weil es zu einfach wäre,
woanders zu sein,
als in meinem Kopf.

Warum
HIER?
„Weil wir sind,
weil wir sein können!"

WIR

Augenschein?

Wir sehen,
was vor uns steht
und erblinden
doch nur in uns,
was uns wirklich sehen lässt

Tiefen der Gedanken

Es

Lass *Es* bleiben.
Halte dich fest
und lass *Es* bei dir.

So viel Zeit vergangen,
doch so nah
dieses *Es*.

Als würde die Zeit uns wiedersehen.

Tiefen der Gedanken

Menschen bewegen und drehen sich
im Kreis,
doch lass uns im Moment bleiben,
dieses *Es* festhalten.

Als würde die Zeit auch jetzt sein.

„Dieses Es ist unsere Gewissheit", sage ich zu dir,
„das, was in der Zeit hält."

Denk an das,
wenn du dich drehst,
ein Gefühl brauchst,
um mal stehen zu bleiben
und die Zeit zu sehen.

Sein

Kennst du das?
Bei einem Menschen zu sein,
ohne ZU SEIN ?

Tiefen der Gedanken

Deine Richtung

Und wenn der Wind sich dreht,
schaust du geradeaus
oder drehst du dich um?

In welche Richtung fliegst du?
Lässt du dich noch
gleiten oder leiten?

Und los

Ich habe das Gefühl,
dass mir Flügel wachsen.
Liegt es daran, loszulassen
oder mich so zu lassen,
wie ich bin?

Tiefen der Gedanken

Tiefen der Gedanken

Ferne

Wie ist das mit der Ferne?
In die Weite sehend,
in der Nähe flehend,
wo stehe ich bei dir?

Wenn du mich nicht sehen kannst
und ich nicht weiß,
ob ich überhaupt da bin,

in der Ferne,
in der Nähe
deines Kopfes,
deiner Gedanken.

Tiefen der Gedanken

Liebe

48 - 80

Bei dir sein

So wie du bist,
lässt mich sein,
wie ich bin.

Lässt mich leben,
wie ich mich fühle
und lässt mich
gerne
bei dir sein!

Danke,

dass du so bist,

wie du bist,

wenn du bist

ich bin

gerne

bei dir

@tiefendergedanken

Hey

Ein Zufall
oder Schicksal
des Haltens vorm Fallen?

Oder doch
ein Augenblick
des Blindseins
vorm Schweben
aus den Augen
des Heys?

Vielleicht

Und vielleicht
waren sie
gar nicht mehr da,
wo sie existierten
in deinem Kopf,
deiner Welt.

Und vielleicht ist dieses *Vielleicht*
eine Möglichkeit,
sich zu entwickeln.

Tiefen der Gedanken

Gar nicht so weit
im Hinblick aufs Vielleicht
in dieser Zeile,
die du schreiben möchtest,
aber dieses *Möchtest*
zu einem *Vielleicht* wird.

Und möglicherweise ist dieses *Vielleicht*
eine Chance,
das Vielleicht wahrzunehmen,
welches du dir nie ermöglichen wolltest.

Eine Melodie

Ohne Stille
wäre das Leben viel zu laut,
um mal abzuschalten

und die Musik zuzulassen,
die in dein Ohr flüstert:
„Ich bin da,
auch wenn du mich gerade nicht hörst."

Tiefen der Gedanken

Eine Melodie,
die dich begleiten wird,
ob leise
oder laut

ob hier

da

oder bei dir

Schweigen wir in dieser Melodie,
so laut und doch so leise?

„Ich bin da."

Einsamkeit

Zwischen uns
steht die Einsamkeit.
Mag sie fallen,
wenn wir uns nähern oder
bricht sie ein,
wenn wir zusammen sind?

Inneres Foto

Du bist mein Moment
in einer Aufnahme,
die sich mein Leben nennt:
Mein inneres Foto.

Tiefen der Gedanken

Irgendwer

Irgendwo in deinen Armen
schienen wir uns zu halten.
Irgendwie
schienen wir zu fallen.
Doch irgendwas
hielt uns.

Meine Antwort

Kannst du reden,
ohne zu schweigen?
Oder verdrehst du deine Worte,
wenn du das direkte Gespräch suchst?
Warum ist dein Schweigen
meine Antwort?

Leben der Gefühle

Lass uns auch mal träumen,
wenn wir woanders sein wollen.

Schließe deine Augen

und lass dich gleiten
in dein Leben der Gefühle.

Verloren

Zudecken
Eine Decke mit Wärme
Umhüllt mit Liebe

Luft genommen
Etwas benommen
Welt verschwommen

Aufwecken
Eine Leere mit Kälte
Losreißen mit Hass

Erfroren
Dich
Mich
Verloren

Meine Hälfte

Bin ich nur eine Hälfte,
wenn ich mich
erst bei dir komplett fühle?

Oder war ich schon komplett,
nur wurde
meine andere Hälfte
erst durch dich sichtbar?

Sein mit dir

Mir ist kalt,
ohne die Wärme,
ohne das Sein
mit dir.

Augen der Liebe

Vermutlich
ist die Liebe
ein großes Vielleicht
in den Augen der Liebe
und wenn man sie schließt,
erkennt man
die innere Liebe,
weil sie da ist,
wenn man sie zulässt.

*Manchmal musst du deine Augen schließen,
um sie ganz öffnen zu können.*

Liebe in dir

Du bist hier
viel näher dran,
als an der Lücke seines Herzens.
Du bist hier
und deine Liebe in dir.

Erzähl mir

Erzähl mir,
wie du redest,
wenn du dich äußerst,
als wäre dein Inneres
noch unerklärbar.

Erzähl mir,
wie du fühlst,
wenn du geradeaus schaust,
als wäre die Vergangenheit
unantastbar.

Erzähl mir,
wohin du gehst,
wenn du dich frei fühlen möchtest,
als wäre dein Zuhause
zu weit weg.

Erzähle mir,
als wäre da mehr
von dir.

Ruhe mit dir

Die Ruhe
so leer
und doch
so erfüllend
mit dir.

Etwas

Du bist dieses kleine Etwas,
was ich in etwa
nie
als ETWAS
Großes
erfassen konnte.

Gefühlswolke

Wie eine Gefühlswolke
vorbeiziehend, so verschwommen,
so hell, dass die eigenen Farben

sichtbar werden.

Wie eine Gefühlswolke
brichst du ein,
so leise,
so leicht
und doch so laut in meine Gedanken.

Uns

Was ich gelernt habe?
Freude zu haben,
mich weiter kennenzulernen
und vielleicht uns irgendwann.

Wo stehen wir?

Hier besteht so viel Zeit
zwischen loslassen und bleiben.
Dieser Spalt ist gar nicht so weit,
doch wir schweigen.

Tiefen der Gedanken

Leerer Blick

Nach so einer langen Zeit
nicht vergessend, was war.
Weinend, endlich wieder so nah.
Doch die Blicke so weit

weg von mir,
durchsehend, doch so leer.
Schweigend, nichts mehr,
bis ich plötzlich frier.

Die Blicke
wie Stiche durch mein Herz.

Wo ist die Wärme,
wenn die Blicke leer sind?
Wo bist du,
wenn nicht gerade hier bei mir?
Was denkst du,
wenn ich dich angucke?

Ist mein Blick so leer wie deiner?
Oder voller Liebe,
die ich wegschiebe,
doch meine Augen

Tiefen der Gedanken

sich trauen
und diese zeigen.

Was offenbaren deine Blicke,
wenn die Liebe im Inneren fehlt?

Formlos

Wir falten diese kleine Form
und knicken
die Ränder,
die diese Form stützen sollen.
Doch wer sieht diese Ränder,
wenn nur die Oberfläche von uns betrachtet wird?
Wer hält uns,
wenn wir uns selber nicht mehr sehen
und halten können?

Du versuchst meine Form
zu falten
und die Makel wegzudrücken.
Doch übersiehst du nicht das Innere?
Wie füllen wir diese Form?

Du übersiehst die Ränder,
guckst drüber
und deine Blicke prallen ab
an der Wand meiner Form,
die dadurch noch dicker wurde.

Tiefen der Gedanken

Knicken,
falten
-
was bleibt,
außer der innere Schutz,
an den man nicht mehr rankommen kann
und die Form,
das Herz
verschlossen bleibt?

Danach

Danach
war mein Herz bedeckt
von dem Zeiger,
der sich in meiner inneren Uhr gebildet hat.

Ich habe gewartet,
doch was kam,
außer ein leeres „Danach".

Die Uhr tickt,
doch dieser Zeiger mit.
Ich warte und warte,
doch es bewegt sich nicht.

Meine Gefühle sind auf diesem Zeiger,
der nicht nach mir tickt,
sondern nach dem Warten auf dich.

Der Zeiger will krampfhaft zurück
in unsere Vergangenheit,
doch das Leben läuft weiter,
meine Uhr versucht sich zu drehen,
die Gefühle trotzdem festzuhalten.

Tiefen der Gedanken

Was ist dieses „Danach",
wenn es kein wir mehr gibt.

Der Zeiger,
so unkontrolliert,
doch ich immer kontrollierter in meiner eigenen
Zeit.
Der Zeiger ,
trotzdem nicht so weit,
doch ich immer näher
an meinem „Nach",
weil das „Da" nicht mehr uns gehört.
Und nach und nach ein selbst kontrolliertes Ich
entsteht.

Tiefen der Gedanken

Siehst du?

Du lässt mich los
und ich mich frei.

Wir fliegen,
um all das loszulassen,
was mal in diesem Flugzeug
auf dem Sitz
neben uns war.

So unsichtbar
und doch sichtbar in uns
dieser Gedanke des Loslassens.
Werden wir sichtbar,
wenn wir in unseren Leben verschwinden?

Ich lass dich los
und mich umso freier.

Tiefen der Gedanken

Siehst du?

Ein geschlossenes Auge
mit Wissen des Verschließens
vom Ungeklärten
zwischen uns,
wie das Blinzeln,
welches du
nicht sehen,
nicht fühlen,
nicht wissen
magst.

Du siehst nichts
und ich dich immer weniger.

Du lässt mich los
und ich mich frei.

Ich lass dich los
und mich umso freier.

Tiefen der Gedanken

Freundschaft

81 - 95

Tiefen der Gedanken

Gleiche Ort – wir

Egal wo wir sind,
bleiben wir,
wo
unsere Gedanken
sich finden
und verschwinden können,
egal wohin.

Und bist du auf der Suche,
findest du mich,
auch wenn das Verschwinden
ewig her ist,
doch der Ort
immer
der gleiche
sein wird,
wir werden.

Tiefen der Gedanken

Tiefen der Gedanken

Engelsflügel

Jemand, der zu dir sagt:
„Ich bin da,
egal wo du bist.
Ich bin nah,
auch wenn du mich vermisst."

Wie ist es,
einen Engel zu kennen,

der hilft,
Flügel auszubreiten,
Persönlichkeit zu erweitern,

hilft,
die Welt,
sich selber
zu sehen,

hilft,
sein Glück,
die Freundschaft zu erkennen.

Tiefen der Gedanken

Ich sage zu dir:
„Ich bin da,
egal wo du bist.
Ich bin nah,
auch wenn du mich vermisst."

Mein Halt
auch bei Pause,
nicht halb,
mein Zuhause.

Du leihst mir deine Flügel,
wenn ich falle.
Fliegst mit mir zu meinen Träumen,
wenn ich darüber rede.
Du hilfst mir,
meine Flügel so auszubreiten,
dass ich kein Glück übersehe.

Tiefen der Gedanken

Wie ist es, einen Engel zu kennen?
Dich zu kennen?

Tiefen der Gedanken

Tiefen der Gedanken

Erfü(h)lltes Licht

Siehst du das?
Hast du die Sicht über dieses Licht,
wie ein Gedicht uns erfasst?

Wahrnehmen,
Angst nehmen
vor dem eigenen Licht .

Dabei helfen,
es heller,
greller,
stärker
scheinen zu lassen,
Herz zu erfassen,
ohne zu erblassen,
nicht nachzulassen.

Tiefen der Gedanken

Siehst du das?
Sterne wie Erinnerungen,
Sonne wie das Herz im Menschen
bringst du zum Scheinen.
Das Licht des Lebens
ist die Liebe im Herzen.

Der Sinn des Lebens
ist die Erfüllung des Herzens.
Mit Farben,
mit Licht,
mit unserer Freundschaft
und auch wenn ich meine Augen schließe,
sehe ich das Innere Licht.

Nehme wahr,
wie glücklich du mich machst,
wie du mich erfüllst.

Innere Ruhe

Einatmen
aus dem Moment,
in dieser Aufnahme,
wie offen und leicht
sich die eigentliche Schwere anfühlt,
wenn Augenblicke,
Freunde
deine innere Ruhe
stärken
und dich festhalten.

Tiefen der Gedanken

Bei dir

Und wenn ich glücklich bin,
sammelt sich das Licht
in meinen Augen,
obwohl es draußen regnen mag.
Aus heiterem Himmel
ist mein Raum hell
und in mir scheint es,
als wäre alles gut
bei dir!

Tiefen der Gedanken

Kommst du mit?

Lass uns ein paar Runden drehen,
unsere Playlist hören,
laut mitsingen
und die Zeit vergessen,
indem wir neue Erinnerungen schaffen
in unserem Leben,
um zu sehen,
dass sich unsere Leben
nicht nur im Kreis dreht.
Kommst du mit?

Tiefen der Gedanken

Für Laura

Es gibt Menschen,
die helfen,
das eigene Licht zu erkennen
und mit ihren Strahlen
dieses zu erwärmen,
sodass man sich wohlfühlen kann -
bei der Person
und bei sich selber.

Es gibt Menschen,
die nur durch ihre Ausstrahlung
Sonnenstrahlen weitergeben,
glücklich machen,
das Helle offenbaren,
den anderen Menschen zeigen,
obwohl manchmal die Sicht
durch die eigenen Wolken
versperrt ist.

Tiefen der Gedanken

Es gibt Menschen,
die sogar den eigenen Regen
als Übergang
zu einem neuen Sonnenschein betrachten,
indem sie dir einen Regenbogen schenken
und dich in ganz neuen Farben
strahlen lassen.

Es gibt Menschen,
die mit dir den Sonnenaufgang
und die Sonnenuntergänge
anschauen möchten.
Wissend, dass sie bei dir bleiben,
egal in welchen Farben sich der Himmel
oder man sich selber.
verwandeln mag.

Es gibt Menschen,
es gibt dich.

Du bist mein Sonnenschein!

Tiefen der Gedanken

Im Traum

96 - 101

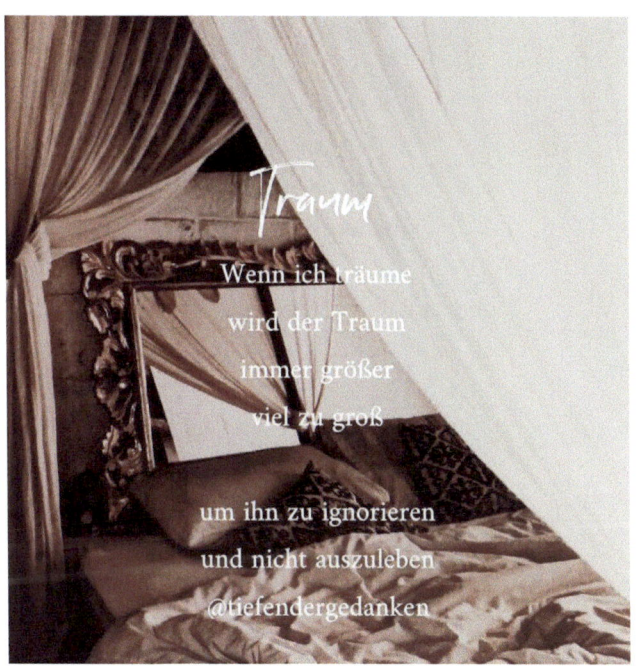

Traum

Wenn ich träume
wird der Traum
immer größer
viel zu groß

um ihn zu ignorieren
und nicht auszuleben
@tiefendergedanken

Meine Welt

In meinem Traum
war ich nicht nur in einem Raum.
Dann wachte ich auf,
schaute raus
und sah eine ganze Welt vor mir.

Tiefen der Gedanken

Mutiger Schritt

Mut ist,
die Angst hinter dir zu lassen,
einen Schritt nach vorne zu gehen,
sie aber trotzdem
als Begleiter anzunehmen.

Tiefen der Gedanken

Sichtbar?

102 - 115

Tiefen der Gedanken

Spiegelbild

Hell
und doch so dunkel
im Gegenlicht
oder doch im Spotlight?

So gleich
und doch so verschwommen
von den Farben
vom Licht
des Gegenstroms

so hell
im Spiegelbild
und doch unscheinbar
dunkel
im Spiegellicht
@tiefendergedanken

Stille des Ankommens

Ich sehe dich
im Regen,
in einer Stille
des Fallens
in Form dieser Tropfen.

So verloren
fällst du,
der Wind trägt dich,
die Blätter fangen dich auf.

Doch wie hältst du dich zusammen?
In dieser Kälte
zusammenrückend, bist du weg?
Oder doch hier, weil ich dich sehe?

Im Regen,
in einer Stille des Ankommens,
in deiner Form,
so sichtbar
kommst du bei mir an
und bei dir.

Wachstums – schmerz

Sitzt der Schmerz
tief   hoch
hoch   tief

Ist der Schmerz
nah   fern
fern   nah

Oder wächst das Innere?
Steht aber
-
in der Leere
des eigenen Betrachtens.

Selbst –
unsichtbar?

Wenn wir wachsen,
warum bleiben unsere Wurzeln unter
der Erde?

Was zeigen wir,
wenn wir nicht zu sehen sind?

@tiefendergedanken

Wie ist es ist, eine Farbe zu sein, die im Hintergrund verläuft?

Ein Hintergrund - soll befüllen, soll erfüllen?
Sollen?
Nicht wollen?
Eine eigenständige Farbe sein zu wollen,
klar,
sichtbar,
unverzerrt,
echt.
Nicht im Hintergrund - sich selbst erfüllen
im Vordergrund ?
Eigener Fokus sein,
selber eine Farbe zu sein,
die verlaufen darf,
ihre Farbe finden darf,
sich selbst sein darf.
Wie ist es dann,
eine Farbe zu sein,

Tiefen der Gedanken

die im Vordergrund sichtbar wird?
Für jeden sichtbar,
für sich selbst sichtbar,
ganz sichtbar?
Ein Vordergrund
befüllt, erfüllt?

Tiefen der Gedanken

Ein Bild von dir,
ein Bild vom Leben,
ein eigenes Bild,
ein farbiges Bild,
eigener Vordergrund –
doch ganz ohne Hintergrund?
Kontrastentstehung
durch mehrere Farben,
Erfüllung anderer Bilder,
anderer Leben
mit dir.

Tiefen der Gedanken

DEINE
Farbe im Hintergrund
Doch ist es richtig, wenn die eigene Farbe verläuft?
Wie ist es, eine Farbe zu sein,
die im Hintergrund anderer verläuft
und für deinen Vordergrund nicht mehr reicht?
Ist es nicht richtig,
seine eigene Farbe zu sein,
die in deinem Hintergrund
und meinem Vordergrund

sichtbar wird?

Sichtbar in dir,
in mir.
Glanz, der nicht verloren geht.
Farben, die sich vermischen
und ein Bild entsteht?

Tiefen der Gedanken

Viel befüllen,
doch wie ist das mit dem eigenen Erfüllen?
Es ist dein Leben,
deine Farbe .
Fühle, erfülle, befülle,
wo du sichtbar wirst.
Deine Farbe kann jederzeit andere Bilder verschö-
nern, doch dein eigenes Bild bleibt einzigartig.
Du wählst nicht deinen Vordergrund,
das bist du!
So ist es, eine Farbe zu sein, eine Farbe,
die nicht im Hintergrund verläuft,

sondern sich selbst erfüllt!

Wer bist DU?

Wenn du schon immer warst,
wie du bist.
Warum das jetzige Sein,
wenn ich werden kann?
Du oder ich?
Wer bist du in meinem ICH?

Spiegelung

Und wenn die Tiefen so viel
offenbaren,
dann ist die Oberfläche zu
verschlossen,
um die eigentliche Spiegelung
zu verraten
des Ichs,
des Fühlens
hinter dieser Fläche,
in einem Raum des Seins
Was spiegelt meine Oberfläche?
Was siehst du?

Dein Licht

Welche Farbe hat das Licht,
wenn der Blickwinkel ein ganz anderer ist,
als der Fokus auf das Helle,
was nicht sichtbar ist,
wenn du dich unsichtbar machst?

Welche Farbe hat das Licht,
wenn du deine Augen schließt
und nicht einmal eine Lücke
mit deinem Licht füllen möchtest?

Welche Farbe hat das Licht,
wenn du die Farbe bestimmen darfst
und diese Farbe dein Licht ist?

Tiefen der Gedanken

DU bist sichtbar!

Tiefen der Gedanken

Autorin

Jana Fischer wurde 2000 in Flensburg geboren und ist die Autorin hinter tiefendergedanken. Sie verfasst ihre Gedichte seit mehreren Jahren und behandelt die Thematiken Selbstentwicklung, Freundschaft, Liebe und verbindet diese mit einer Naturmetaphorik. Sie veröffentlicht ihre Gedichte zudem auf ihrem Instagramkanal:

www.instagram.com/tiefendergedanken

Tiefen der Gedanken

Danke!

Sobald du realisierst, dass deine Gefühle und Gedanken verstanden und gespürt werden, erkennst du die Magie der Lyrik. Gefühle können tief empfunden werden, so wie meine Dankbarkeit!

Ich danke meiner Familie für den Glauben an mich, der mir Mut gegeben hat, gestärkt und voller Liebe meinen eigenen Weg zu gehen. Die Kraft, ein eigenes Buch zu schreiben, habe ich durch euch *Mama, Papa, Oma, Opa, Julie* erfahren. – meine Herzensmenschen. Danke für alles!

Ich danke meinen Freunden für den Mut, mich und diese Seite von mir zu zeigen.
Danke Celina für unsere tiefgründigen Gespräche und deine Art und Weise, mich immer wieder zu begeistern und zu inspirieren. Auf dich kann ich immer zählen!

Danke Jojo, dass du meine Texte von Anfang an gelesen, mich aufgemuntert hast und mir auf dem Weg so einen Halt gibst und ich die Gewissheit habe, dass diese Verbundenheit bestehen bleibt!

Tiefen der Gedanken

Danke Laura für die stundenlangen, spirituellen und auch unterhaltsamen Gespräche, welche meine Gedanken aufs Blatt bringen lassen.

Ein Dank geht auch an Julia, Roxi, Elena und Enyang für die Begeisterung, meine Texte zu lesen und mich besonders und glücklich fühlen zu lassen.

Meine Instagramseite gibt es jetzt bald 1 Jahr lang und hier haben mich Jassie und Laura sehr unterstützt! Ich danke euch so, so sehr!

Danke Désirée Riechert, du hast mit deinem künstlerischen Talent ein Cover gezaubert, welches meinem Buch Halt gibt und das Innere ausstrahlen lässt – von den Tiefen aufs Cover.

Danke Janne Wedler, dass du in der Oberstufe meine Deutschlehrerin warst und das Thema Poetry Slam behandelt hast. Dadurch wurde ich inspiriert, meinen eigenen Schreibstil zu finden und nun *achtsam* meinen eigenen Weg zu gehen.

Tiefen der Gedanken

Und ich bin dankbar für **DICH**. Dafür, dass du mein Buch und sozusagen mein Herzensprojekt sichtbar in den Händen trägst.

Einige Worte meiner Gedichte entwickelten sich aus purer Empathie für die Menschen um mich herum. Wir alle empfinden und gehen anders mit Gefühlen um, doch durch die Themen Selbstentwicklung, Liebe und Freundschaft entstehen Gefühlsparallelen, wodurch Worte auch verschiedene Gefühlstypen ansprechen können.

Aus diesem Grund bin ich dankbar, dass die Poesie dies ermöglichen kann – und wir SICHTBAR werden können.